AF360075

LETTRES

SUR

L'AGRANDISSEMENT DE LA VILLE

DU HAVRE,

PROJETÉ PAR LA HAUTE COMMISSION,

Publiées dans la Revue du Havre,

SUIVIES DE NOUVELLES OBSERVATIONS

ET DE DEUX PLANS.

HAVRE,

IMPRIMERIE DE J. MORLENT, ARCADES SUD.

1838.

LETTRES

SUR

L'AGRANDISSEMENT DE LA VILLE

DU HAVRE.

Première Lettre.

INTRODUCTION.

*A **M**. le Rédacteur de la* Revue du Havre.

Monsieur ,

Depuis que le rapport et le plan de la commission spéciale pour l'agrandissement du port du Havre sont entre les mains de tout le monde , l'opinion a commencé à se former et à se prononcer sur ce plan ; et j'ai été assez heureux pour recueillir les observations de quelques hommes éclairés de notre ville. Me permettrez-vous d'en présenter le résumé dans votre estimable journal ? Quelques lettres seront consacrées par moi à vous faire connaître le résultat de ces conversations et non pas mon opinion personnelle qui serait de bien peu de poids dans la question.

Avant d'entrer dans l'examen des diverses questions soulevées par le travail de la commission spéciale, je me contenterai dans cette lettre de vous signaler l'impression produite par la lecture du rapport de M. Bérigny, *fruit de longues et laborieuses séances*.

Et bien le croiriez vous? ce travail si soigneusement, si consciencieusement élaboré, a rencontré dans notre ville peu ou moins de sympathies. Avant que le plan n'eût été mis sous les yeux du public, quelques personnes avaient pensé qu'enfin cette question qui préoccupe les esprits à un si haut degré, qui par sa non-solution porte atteinte à de si nombreux et si graves intérêts, allait être résolue d'une manière satisfaisante. Car la commission avait pour mission *d'arrêter les bases des travaux à exécuter* dans notre localité (page 2 du mémoire) : et dans ce noble but, on avait réuni huit personnes dont le mérite et le talent bien connus devaient être une garantie de l'excellence de leur travail. Patience, habitans du Havre, vienne le projet de la commission, puis deux mois d'enquête, et vous allez être au comble de vos souhaits. Un vaste terrain va être livré à l'extension de votre commerce ; cinq à six beaux bassins vont mettre vos navires à l'aise. Oh! que de millions vous allez entasser !

Il est arrivé, ce plan si impatiemment attendu. Chacun l'a dévoré avidement des yeux. « Moi, disait l'un, je suis sur un quai : bonne affaire! Moi, disait l'autre en faisant la grimace, je tombe dans un bassin : enfoncé! » Puis la réflexion est venue à l'un et à l'autre ; on a examiné, retourné le plan, compulsé le rapport volumineux de M. Bérigny. Puis chacun de se dire : « Mais ce plan n'a rien de sérieux, de réfléchi. Il est inexécutable On n'a pas même l'intention de l'exécuter C'est un leurre qu'on offre : fatigués de nos plaintes et de nos réclamations, ils nous a jeté ce plan comme pâture. »

A-t-on eu bien tort de penser ainsi? A-t-on mal

apprécié les intentions de messieurs de la commission? Eux-mêmes se sont attachés à nous fournir la preuve du contraire : car je lis, page 11 du rapport imprimé, les mots suivans : « *Il ne s'agit pas en ce moment d'arrêter des projets d'exécution, mais seulement de rédiger un programme précis, indiquant les points sur lesquels il convient de porter l'agrandissement de la ville.* »

C'est clair, j'espère. Ce n'est que l'enceinte qu'on a entendu déterminer : ce n'est que le point sur lequel devront se porter les servitudes militaires, dont on s'est occupé. On n'a entendu résoudre que la question stratégique de savoir si l'on pouvait rapprocher les fortifications de la côte, ou s'il fallait y renoncer tout-à-fait. La solution n'a pas été un instant douteuse et ne pouvait pas l'être, lorsque l'on songe que sur huit membres deux étaient officiers de génie et combattaient *pro aris et focis*, pour leurs autels et leurs foyers. Le quart de la commission était par sa position contraire aux intérêts du Havre sur ce point.

C'est donc la seule difficulté qui ait été approfondie. Toutes les autres ont été discutées en courant; on s'y est à peine arrêté. Et cependant la question des fortifications est spécialement mise en dehors de l'enquête par l'ordonnance qui la prescrit : sur quoi donc porte cette enquête si elle n'est pas dérisoire? Sur des bassins que la commission elle-même n'indique que pour donner un aspect plus attrayant à son plan d'enceinte. Evidemment c'est une plaisanterie.

D'autres réflexions ont encore été le fruit de la lecture du rapport de M. Lérigny. Et il faut l'avouer, elles ne sont pas de nature à faire honneur à l'esprit de logique de cet ingénieur, ou plutôt, je me hâte de le dire, de la commission dont il rapporte les discussions. Je veux parler d'une foule de contradictions qui se dressent à chaque page et dont je vais vous signaler les plus importantes. On lit, page 2 du rapport : « *La ville du Havre , comme place de guerre située à l'entrée de la Seine , défend un passage fort important pour la sûreté du royaume.* » Diable ! je ne m'étais pas encore douté que nous fussions préposés à la garde des Thermopyles du royaume. Cependant, je dois l'avouer, dans le temps jadis, vous savez ce temps qui est bien loin de nous , vers le IXe siècle , les Normands , dont nous avons l'honneur de descendre probablement , avaient choisi la Seine pour le théâtre de leurs exploits. Le Havre ou plutôt les terrains environnans étaient une de leurs stations : et de là , ces rois de la mer , montés sur des barques légères, dont on a retrouvé des débris en creusant le bassin de la Barre, remontaient le fleuve au dessus même de Paris. Il pourrait bien prendre envie à Messieurs les Anglais qui ont quelque peu de sang normand dans les veines , de suivre l'exemple de nos ancêtres communs. Tremblez donc , braves Rouennais , un beau matin , à la suite d'une brume épaisse, vous verrez quelques bateaux à vapeur anglais embossés dans votre ville , prêts à la foudroyer. Mais M. le rapporteur prend lui-même soin de vous rassurer. Lisez plutôt vous même, page 12 : « *L'assèchement presque complet à chaque marée de l'embouchure de la Seine, en aval de Quillebeuf, et l'extrême mobilité des bancs qui règnent dans cette partie, forment des obstacles naturels qui s'opposeront toujours à ce que cette embouchure soit jamais gravement menacée.* » Ah ! je respire maintenant. Mais vous m'avez fait bien peur, monsieur le rapporteur , moi qui ne suis pas du tout guerrier.

A la page 7, la commission trouve que l'ouverture de 12 mètres donnée par M. Ladvocat à son projet de dock n'est pas suffisante ; qu'il faut lui donner 17 mètres pour recevoir les steamers de l'état. Rien de mieux. Tout le monde approuve et bat des mains. Et bien , peut-être croyez-vous la commission liée par ces mots ? Peut-être pensez-vous que dans son plan elle va proposer une ouverture de 17 mètres pour le dock ? Erreur ; il n'en est rien. Elle propose, page 30, de ne lui donner que la largeur nécessaire pour le passage des bâtimens à voile. J'espère que c'est là être conséquent avec soi-même.

Vous savez que chacun s'est étonné de voir l'aplomb avec lequel la commission rédigeait, à Paris, son plan d'agrandissement. C'est, dit-elle, page 11, que chacun de ses membres, à l'exception de deux, connaît parfaitement le Havre. Très-bien ; mais que veut dire alors cette phrase de la page 35, qui déclare que la commission a persisté dans son opinion, parce que M. Tupinier et le rapporteur ont récemment visité le Havre, et que ce dernier y est même allé tout exprès avant de rédiger son rapport. Je ne dis point ma pensée à ce sujet ; je me réserve de l'exprimer plus tard. Mais je cherche à concilier ces deux phrases, et dans l'une je vois que la cause de l'inutilité du voyage est la connaissance des lieux qu'ont les membres, et dans l'autre que c'est le voyage de deux membres qui a pu éclairer la commission. Diogène, armé d'une lanterne, cherchait un homme sur la place d'Athènes, en plein midi, et ne le trouvait pas. Je crains bien qu'il ne m'en arrive autant pour cette partie du rapport, surtout en y ajoutant certaine phrase relative à la nécessité d'études sur les lieux pour la nouvelle ouverture en Seine.

Je ne vous parlerai point de l'exiguité de la garnison qui, selon la commission, peut être laissée au Havre en cas de guerre, et de l'importance de ce port. Cette contradiction est un aveu précieux pour la solution de la question des fortifications. Et j'y reviendrai. Les registres d'enquête peuvent être fermés aux réclamations qui ont les fortifications pour objet ; mais la presse ne l'est pas. Et les plaintes de la population peuvent quelquefois avoir du retentissement, de l'aveu même de la commission (page 19).

Mais j'ai hâte d'en finir avec ce sujet, et je me

contenterai de vous signaler encore ce fait : Que le rapport dit que le bassin Vauban s'étendra jusqu'au Pont-Rouge (page 28), et que sur le plan le Pont-Rouge se trouve à 100 mètres de l'extrémité du bassin. Au reste, le dessin même du plan prouve combien la commission a attaché peu d'importance à la rédaction de son projet. Des portes sont indiquées sans pont-levis; des bassins sans portes; le long du canal Vauban le chemin couvert indique une sortie qui n'est pas tracée dans le rempart. Je pourrais relever une foule d'autres irrégularités; mais chacun a pu les remarquer comme moi sur le plan.

Je termine, Monsieur le Rédacteur, cette lettre déjà trop longue, en vous demandant votre indulgence pour celles qui suivront, et qui, je l'espère, seront l'expression de l'opinion générale.

LE HAVRE, 15 Mai 1838.

Deuxième Lettre.

Monsieur ,

Dans une première lettre que vous avez bien voulu accueillir, je me suis occupé de ce que je puis appeler la structure matérielle du rapport de la commission spéciale pour l'agrandissement de notre ville. Aujourd'hui une tâche plus pénible me reste à entreprendre : j'ai à entrer dans l'examen des diverses questions que la commission a cru devoir discuter, et des solutions qu'elle a admises. Je ne la suivrai pas dans les développemens qui ont été donnés par elle pour chercher s'il y avait lieu d'agrandir le Havre. Tout le monde est aujourd'hui d'accord sur ce point. Mais j'ai hâte d'arriver à la question qui domine celle de l'agrandissement de la ville ; je veux parler de l'utilité des fortifications. Je vais résumer en peu de mots la partie du rapport qui est relative à ce sujet.

« Deux intérêts, a dit la commission, sont en présence au Havre, les intérêts militaires et ceux du commerce. Sous les deux rapports le Havre doit être fortifié. Sous le rapport militaire, le Havre défend l'embouchure de la Seine : car l'ennemi ne pourrait penser à pénétrer dans le pays sans s'être assuré un point de rembarquement qui ne peut être que le Havre. Sous le rapport commercial, ce serait livrer à la première tentative de l'ennemi toutes les richesses entassées dans la ville. » —Je me suis souvent demandé si deux officiers du génie pouvaient discuter ensemble, sans rire, cette question des fortifications du Havre. Car je ne comprends pas qu'on puisse parler de la défense d'une ville dont les remparts sont situés seulement à 700 mètres d'une côte qui les domine de 80 mètres. Je comprends que, lorsqu'avant 1787, la ville en était éloignée de 900 mètres environ, lorsque l'ennemi devait venir s'établir dans la plaine et ne pouvait pas faire plonger ses feux dans la plaine, je comprends, dis-je, qu'alors on regardât les fortifications du Havre comme sérieuses. Aussi comptait-on alors sur une résistance de six semaines. Et cependant le siége de 1653 n'avait duré que huit jours. Mais l'agrandissement de la ville en 1787 a réduit sa résistance à quinze jours. Que sera-ce si on double encore l'enceinte ? Je dois du reste faire remarquer ici que je ne m'occupe que d'une enceinte continue.

Pour bien résoudre la question de savoir si le Havre doit avoir une ceinture de bastions, il faut se rendre compte de la position, et des dangers auxquels cette ville peut être exposée. Le Havre est situé sur une langue de terre comprise entre la Seine et la mer et au fond d'une baie longue et étroite. On suppose que l'ennemi, en cas de guerre, voulant opérer une diversion, fera une démonstration sur l'embouchure de la Seine et ravagera la Normandie. Pour cela, il faudra que l'ennemi pénètre dans la baie, oubliant qu'il y a Cherbourg une flotte qui va lui fermer tout espoir de retour. Mais admettons-le encore. Il faudra qu'il choisisse les marées favorables pour franchir la barre de Quillebeuf. Et la commission nous apprend elle-même (page 12) que l'état de l'embouchure de la Seine empêchera toute tentative sérieuse. La nature défend donc cette embou-

chure beaucoup mieux que ne pourrait le faire la
ville du Havre. Tout ce que l'on a dit sur la défense
de l'embouchure du fleuve ne signifie donc rien.

Mais, nous dit-on, il ne s'agit pas de cela. L'ennemi viendra faire une descente sur les côtes, puis
marchera contre le Havre pour le piller, le ruiner,
détruire ses bassins ou s'y maintenir, afin de s'en
faire un point d'appui pour pénétrer dans l'intérieur
du pays. D'abord, où l'ennemi peut-il débarquer
sur nos côtes? Ce n'est pas sans doute au pied de ces
hautes falaises qui les bordent depuis le Havre
jusqu'à Etrétat. Mais peut-être pourrait-il le faire
en cet endroit. Alors Étrétat, étant à plus de sept
lieues de distance du Havre, des secours auraient
bien le temps d'arriver avant que l'ennemi ne fût
parvenu jusqu'à notre ville. En effet, d'abord l'ex-
pédition ne serait pas tellement cachée que l'on n'en
fût instruit et que l'on ne pût prendre des précau-
tions. Ensuite un débarquement ne s'opère pas en un
instant, surtout lorsqu'il s'agit d'une armée destinée
à parcourir un pays très peuplé et très accidenté.
Enfin la marche sur le Havre ne saurait être rapide,
car des entraves naîtraient à chaque pas; à chaque
instant il faudrait forcer des passages défendus par
de nombreuses gardes nationales accourues de tout
le pays de Caux, de Paris et de Rouen par *les chemins
de fer* et la Seine. De ce côté là il n'y a pas encore
beaucoup à craindre.

Mais enfin, supposons l'ennemi devant le Havre,
il ne pourra avoir qu'un seul but : celui de le détruire; de brûler ses navires et de combler ses
bassins; car il ne pourra pas songer à s'y établir, de
l'aveu même des partisans de l'enceinte continue,
puisqu'ils admettent qu'en huit jours des secours
considérables pourront arriver, soit pour défendre
la ville, soit pour l'attaquer. Eh bien, je dis que, si
l'ennemi a une fois pénétré jusque sous nos murs,
rien ne l'empêchera de ruiner la ville et le port,
avant qu'ils ne soient secourus. Les bombes, les

fusées à la Congrève incendieront la ville. Et alors le moment de la capitulation ne sera pas éloigné, surtout si l'on pense que, suivant la commission elle-même, la garnison du Havre sera toujours peu nombreuse, (pages 15 et 18). Je dois noter ici cet aveu précieux d'une manière toute spéciale. Quoi ! vous nous parlez de l'importance militaire du Havre pour la sûreté du royaume ! Et vous confessez qu'en cas de guerre on n'y pourra jamais laisser qu'une garnison peu nombreuse ! Quand un point a une telle importance, que vous voulez bien le dire, on ne le dégarnit pas ainsi ; on ne l'abandonne pas, pour ainsi dire, à son mauvais sort.

Mais qu'a réellement à craindre le Havre de l'ennemi ? un bombardement et pas autre chose. L'histoire est là pour le prouver. Que feront vos murailles, vos bastions, vos chemins couverts, contre les bombes que l'ennemi nous lancera de la rade? A quoi tout cet attirail a t-il servi dans les précédens bombardemens? Les bombes n'en tombaient-elles pas moins au milieu de la ville ?

Quant aux intérêts commerciaux qui demandent que le Havre soit enceint de murs, je n'en parle que pour mémoire. Marseille, cette ville si riche par son commerce, n'a pas d'enceinte (p. 18) et s'est-elle jamais avisée d'en demander? Voyez même Liverpool, ce port immense, défendu seulement par des batteries. En temps de guerre les richesses entassées au Havre ne seraient pas de nature à tenter l'ennemi. Pendant la dernière guerre, alors que l'herbe poussait dans les rues, que les propriétaires étaient réduits à donner gratis leurs maisons à habiter, ne pouvant trouver à les louer, je vous assure que si les Anglais avaient pensé à venir le piller, ils n'y auraient pas trouvé de grandes richesses. D'ailleurs le commerce, qui a bien aussi l'instinct de sa sûreté, ne le réclame pas, tant s'en faut. Le commerce ne vit pendant la paix que de liberté ; pendant la guerre il n'existe plus. C'est donc

un singulier système que celui de l'étouffer pendant
la paix , pour le défendre pendant la guerre. Il ne
peut donc pas être plus question ici des intérêts du
commerce que de ceux de la défense du territoire.

Quant à ce qu'a dit la commission (p. 135) de
l'accroissement progressif de la nécessité d'une
enceinte bastionnée, avec l'augmentation du commerce et de la population , il suffit pour y répondre
de renvoyer à la page 161 de l'ouvrage de M. Bailleul , dont la commission ne me parait pas avoir eu
connaissance. On y voit que lorsque la ville aura
200 mille ames , le gouvernement pourra sans im-
prudence consentir à la suppression de l'enceinte.

Mais ce n'est pas tout encore. La commission spéciale ne s'est pas contentée de nous doter d'une enceinte continue dont nous nous obstinons à ne pas
vouloir, quoiqu'elle cherche à nous persuader que
c'est une idée peu réfléchie (p. 13). Une autre inven-
tion a surgi du cerveau ingénieux de ces messieurs ;
ils se sont dit : « Mais la nouvelle enceinte que nous
« proposons , qu'il faudrait dix mille hommes pour
« défendre, qui est dominée par une côte , est ab-
« surde comme moyen de défense : avisons à autre
« chose, pour compléter le système. » Et ils ont
conçu une chose monstrueuse, inouïe ; l'idée de
nous doter d'un *réduit* tenant lieu de l'ancienne citadelle. Oh ! attendons ! on va nous démontrer que
c'est encore dans notre intérêt. Le réduit, dit la
commission , interdira l'entrée du bassin aux bâtimens ennemis, qui, lors même que la ville serait
prise, ne pourront y pénétrer. Et l'ennemi sera forcé
de s'arrêter, et les secours auront le temps d'arriver ;
ce sera pour le commerce une garantie contre la
tentative de l'ennemi ; car un réduit qui ne laisserait
pas même à l'ennemi la chance de détruire les bassins , aura pour résultat d'ôter jusqu'à l'idée
d'une tentative qui n'aboutirait qu'à l'incendie de
quelques marchandises (p. 18.). Admirable puis-
sance d'un réduit ! Ainsi votre réduit, placé entre la

Floride; le nouvel avant-port, empêchera l'ennemi, maître de la ville, de ruiner les bassins. Mais c'est absurde. C'est à des enfans qu'il faut conter de pareilles billevesées. L'entrée de chacun des bassins actuels est au moins à 400 mètres du centre de votre réduit, et il empêchera de les ruiner! Mais l'ennemi vous bombardera sans relâche ; il vous enfermera dans votre tannière et vous forcera bientôt de capituler. Mais non, vous vous êtes souvenu de cette phrase d'un mémoire de 1781, par laquelle on démontrait l'utilité de la citadelle dans le cas d'un soulèvement, pour *maintenir les citadins et les réprimer* (Histoire du port du Havre, page 72), et vous l'avez reproduite dans votre rapport. *Vous avez dit que l'addition d'un réduit donnerait les moyens de contenir une population nombreuse* (p. 17) ; c'est là votre véritable motif.

C'est ainsi que la commission entend alléger pour le Havre le fardeau des fortifications. Mais nous réclamerons contre un pareil objet d'inquiétudes pour le commerce (p. 19). Ne nous apprenez-vous pas vous mêmes que nos *clameurs* peuvent porter obstacle à vos projets (p. 19).

Après avoir signalé ce but qui doit donner à réfléchir à tous les habitans du Havre, je ferai encore remarquer que, quoiqu'en dise le rapport, les bastions du réduit auraient l'inconvénient d'interdire au commerce l'usage du quai du nouvel avant-port depuis la maison des ingénieurs jusqu'à l'écluse de la Floride. Si les casernes seulement étaient portées dans ce lieu, elles seraient très mal placées : car c'est un point tout-à-fait excentrique et qui serait séparé de la ville par une foule de ponts, si le projet de la commission était mis à exécution.

A toutes ces considérations, je ne joindrai pas celles tirées de la dépense de 9 millions pour élever ces fortifications, une étendue de 520,000 mètres de terrains devenus improductifs. Tout cela n'est qu'accessoire.

Mais, me demandera-t-on, comment se fait-il que tant d'hommes de mérite tiennent à fortifier le Havre? Le génie militaire est celui qui émet ces idées en avant- C'est bien simple. Le Havre est son *domaine;* on ne peut rien y faire sans son consentement, et il ne veut pas renoncer à son pouvoir. C'est ainsi que bien que la Constituante ait déclassé la ville de Doulens, on n'a pas encore pu obtenir de toucher à un seul bastion, même pour faire un préau aux prisonniers.

Mais, me demandera-t-on, est-ce que vous voulez ainsi la ville ouverte? Ce n'est point là ma pensée. Le Havre doit craindre les bombardemens par mer. La commission nous rappelle que des chaloupes canonnières, embossées sur la rade, ont suffi pour arrêter les tentatives des Anglais (p. 12). Faites alors comme à Liverpool : hérissez la plage de formidables batteries. Elevez sur le banc de l'Eclat un fort sur lequel les navires du port puissent s'appuyer pour repousser l'ennemi. Construisez-en un sur le poulier du sud pour former la passe du banc d'Amfar. Que deux forts sur la côte et un aux Neiges couvrent par leurs feux croisés les abords de la place et battent la campagne.

Voulez-vous même une enceinte pour mettre la ville à l'abri d'un coup de main hasardé. Pour faciliter la perception des octrois, la ville devra être entourée d'un mur comme Paris. Creusez en avant de ce mur un fossé de quelqnes mètres de largeur dont vous rejeterez les terres derrière le mur. Tracez à l'extérieur de vastes boulevarts, et vous aurez ainsi à peu de frais une enceinte qui, en cas de danger, pourra devenir susceptible d'être défendue pendant quelques jours; mais qui ne frappera pas une immense étendue de terrains de servitudes onéreuses et qui ne sera pas un obstacle constant à l'agrandissement de la ville. C'était le projet de M. Legier, en 1786. Diverses parties en ont été reproduites dans des projets récents. C'est le seul plan raisonnable et qui se

combine bien avec la sûreté et avec l'accroissement
de la ville.

Ici, je dois le dire, je suis surpris que l'on n'ait
pas introduit dans la commission un seul officier
d'artillerie, tandis que deux officiers du génie militaire étaient appelés à en faire partie. Cependant il
me semble, qu'en fait de fortifications, l'artillerie
entend bien aussi quelque chose. Et je connais des
des officiers d'artillerie de premier mérite qui ne
partagent pas l'opinion de la commission sur l'utilité
des fortifications du Havre.

C'est ici le lieu de donner un récit dont la sincé-
rité m'est attestée par un témoin oculaire, digne de
foi.

« S. A. R. Monseigneur le duc d'Orléans se rendit
sur le côté sud du canal Vauban, avec toute sa suite,
afin de pouvoir examiner tranquillement les plans
de la nouvelle ville et de ses fortifications, qui lui
furent présentés par l'ingénieur en chef des ponts-et-
chaussées, M. Frissard ; le prince en voyant le projet
de fortifications qui devaient couvrir la tête est du
bassin Vauban et se joindre à celles déjà existantes,
demanda aux généraux et ingénieurs qui étaient
autour de lui, vu la distance énorme qu'il y avait du
Pont-Rouge à la jetée du N. O. du port du Havre,
combien on estimait la garnison nécessaire pour la
défense? — De 8 à 10 mille hommes au moins, fut
la réponse d'un des généraux. — Et pour prendre la
position où nous sommes? 1000 à 1200, fut-il ré-
pondu de suite. — En ce cas, dit le prince, *les fortifications projetées sont inutiles et ne rempliraient pas le
but proposé.*

Un des généraux proposa de fermer par un chemin
couvert la ville industrielle ; le travail de confection
ne serait fait qu'en cas de guerre, mais sur le tracé
on ne pourrait bâtir, et la limite ne pourrait en être
déplacée ; la garnison et les habitans extrà-muros
s'empresseraient d'élever le chemin couvert, qui se
trouverait défendu par une population nombreuse »

ce qui donnerait le temps de voir arriver par les chemins de fer, les bateaux à vapeur, les secours que le gouvernement ne tarderait pas à envoyer ; la crainte de se trouver pris entre la population intérieure et celle extérieure, ferait réfléchir les ennemis qui voudraient attaquer la ville du Havre, et qui, vu le nombre de troupes de débarquement qu'ils seraient obligés d'employer, y regarderaient à deux fois; ces troupes de débarquement exigeant un grand nombre de navires, on serait toujours averti de la sortie de la flotte qui devrait les porter, et à même d'avoir sous la main les moyens de repousser l'ennemi.

Cet avis approuvé par le prince le fut unanimement par toutes les autorités présentes, ce qui amena cette réflexion de S. A. R. « *En partant de la ville du Havre, j'avais des opinions tout-à-fait contraires à celle que je viens d'émettre; je me range avec le plus grand plaisir à celle détaillée d'une manière aussi précise*, CE QUI PROUVE QUE L'ON JUGE MAL EN NE VOYANT QUE DES PLANS, *et qu'il faut suivre l'examen des projets sur la localité ; je vois, Messieurs, avec la plus vive satisfaction, que le génie militaire, les ponts-et-chaussées, MM. les maires du Havre et de Graville, sont parfaitement d'accord sur la proposition du chemin couvert, etc.* »

La fin de ce récit nous conduit naturellement a dire un mot de l'obstination de la commission à ne pas venir sur les lieux. On voit que le prince a modifié ses opinions sur le terrain. Je pourrais citer des ingénieurs qui en ont fait autant. La commission a travaillé sur des plans nivelés et détaillés ; mais des plans ne sont pas le terrain. Au Havre elle eût entendu se formuler les plaintes et les besoins, et elle eût pu chercher les moyens de les satisfaire. Mais précisément elle n'a voulu rien entendre, rien voir, parce qu'elle voulait ne rien faire. Je ne doute pas que, si la commission fût venue au Havre, il se fût trouvé au moins la moitié de ses membres qui, abandonnant le camp de MM. du génie, auraient cherché à combiner différemment les moyens de défense de notre ville. Mais ils ne l'ont pas voulu. Aussi qu'ont-ils produit? Je n'entends autour de moi retentir que le blâme et la critique la plus sévère. Je vous ferai part de ces observations dans les lettres suivantes.

Troisième Lettre.

Monsieur ,

Dans ma dernière lettre , j'ai omis de faire ressortir une circonstance importante, relative à la question d'une enceinte continue. Je veux parler du peu de cas que le génie militaire semble faire lui-même de ses fossés. Depuis je ne sais combien d'années il a cessé d'y faire entrer l'eau ; de sorte que le sol se raffermit et se consolide et que le détritus des végétaux qui les tapissent et les dégradations causées par la pluie en exhaussent le fond. Certes si ces fossés pouvaient servir à autre chose qu'à empester la ville , on en prendrait plus de soin que l'on ne fait ; mais je ne m'arrêterai pas davantage sur ce point , qui mériterait d'être traité par plus expert que moi en pareille matière. J'arrive au point capital du rapport de la commission.

La commission , de prime abord, a déterminé les besoins actuels du commerce. Il lui faut, a-t-elle dit , un dock, un bassin pour les steamers , une seconde entrée et de nouveaux terrains de construction. Sur ces bases, la commission qui avait condamné le Havre à rester embastionné , s'est demandé d'abord de quel côté le Havre devait être agrandi, puis de quel espace il devait s'accroître. Il me semble que si la commission eût été animée du désir de combiner les moyens de défense au mieux des intérêts du commerce, et non de faire céder ceux-ci aux exigences militaires, la question du côté vers lequel le Havre devait s'étendre ne pouvait venir que subsidiairement à la solution du problème de l'agrandissement des bassins. Il fallait combiner l'enceinte avec le nouveau tracé du port, autant que possible du moins, et non commencer par déterminer l'enceinte, sauf à placer dans son intérieur des bassins plus ou moins commodes pour le commerce. La commission devait se demander comment fortifications et bassins pouvaient s'agencer ensemble, au mieux des intérêts de tous. Mais c'était mal comprendre sa mission que de chercher le moyen de faire céder les exigences du commerce à celles de la guerre. Puisqu'elle pensait que nous devions rester fortifiés, elle devait faire marcher de front les deux intérêts qui étaient en présence, et non sacrifier ceux du commerce qui sont de tous les jours, à ceux de la guerre qui ne sont qu'éventuels. La commission a donc manqué ici de l'impartialité que nous avions le droit d'attendre d'elle. Aussi je ne la suivrai point dans cet examen, et je me réserve de me prononcer plus tard sur le côté vers lequel la ville doit s'accroître.

Mais avant de passer à la question de savoir quelle étendue on doit donner à l'agrandissement, je dois dire un mot d'une solution de la commission, sur laquelle je partage entièrement son avis. Elle s'est demandé si l'on devait laisser le Havre s'agrandir extérieurement. Cette idée a quelque chose de spécieux qui séduit au premier abord. En effet, on aurait l'avantage de laisser ainsi se créer une ville libre de toute entrave qui s'étendrait selon ses besoins, sans être obligée de recourir à des déplacemens de fortifications dispendieux. D'ailleurs le résultat infaillible de cet accroissement extérieur se-

rait la nécessité de démolir les fortifications du Havre,
lorsque la nouvelle ville aurait atteint un développement assez étendu. Des précédens pourraient même
être invoqués. Ainsi Vienne, la capitale de l'Autri-
che, a une ville centrale puissamment défendue.
Autour de cette enceinte, un espace de 200 toises
de large est entièrement libre et sert de promenades
publiques. Puis les faubourgs reprennent au-delà
et ne sont couverts du côté de la campagne que par
un simple parapet. Mais ce système, bon tout au plus
dans une ville qui n'est pas maritime, serait inap-
plicable au Havre; car les bassins devraient traver-
ser les fortifications, et ce serait toujours un obstacle à leur construction. On sait d'ailleurs qu'ils ne
seraient autorisés qu'à condition de rester inutiles
dans la traverse de la première zone, comme pour
le canal Vauban. Il faut donc mettre entièrement
cette idée de côté.

J'arrive maintenant à examiner l'étendue que
devra avoir le Havre. Cette question ne peut s'é-
lever qu'autant que l'on se trouve dans la même
position que la commission, c'est-à-dire, lorsque
l'on admet que le Havre doit rester fortifié; parce
qu'alors seulement on a besoin de déterminer
l'enceinte. La même question fut agitée en 1779,
(Histoire du port du Havre, page 63). Voici ce qu'é-
crivaient à cette époque le directeur des fortifications
et l'ingénieur-général de la marine : « Quelques
» spéculateurs croiront que nous n'augmentons pas
» assez le port du Havre en restreignant son com-
» merce futur à n'être que doublé, et que si, dans
» la suite, il s'accroit en proportion de ce qu'il fait
» seulement depuis vingt ans, la postérité sera bien
» mécontente que nous lui ayons prescrit des limites
» trop resserrées. Mais d'après les ordres que nous
» avons reçus, nous devons concilier les intérêts
» militaires avec ceux du commerce, et nous ne
» pouvons augmenter davantage la surface du port
» et de la ville. »

Un autre mémoire de 1781 (même ouvrage, page 71), admet que le commerce qui n'était que de 29,300 tonneaux pouvait être porté à 60,000. On sait comment les faits se sont chargés de répondre à ces évaluations sans base certaine. On sait qu'en 1836, les navires entrés au Havre ont présenté un tonnage de 447,254, tandis qu'en 1827 il n'avait été que de 284,273. Et c'est d'après ces évaluations qu'on a fait dépenser au gouvernement 12 ou 14 millions en fortifications, dont une partie vont être à démolir aujourd'hui.

En présence de ces faits, la solution adoptée par la commission (page 16 et 17) est vraiment curieuse. La commission a pensé que le maximum d'extension devait être de doubler la surface actuelle de la ville. Puis, pour motiver cette limite, elle s'exprime à-peu-près dans les mêmes termes que ses devanciers, en disant : « Avec la progression toujours croissante » du commerce, et qui est telle que le mouvement » des navires et des marchandises a doublé au » Havre depuis quinze ans, un agrandissement sem- » blable à celui de 1787 serait tout-à-fait insuffisant : » mais ce développement doit avoir un terme , il » en est du Havre comme de toutes les autres villes » dont les commencemens sont marqués par des » progrès rapides et qui, arrivées à une certaine » étendue, s'arrêtent et restent à-peu-près station- » naires ; c'est ainsi que divers grands centres » commerciaux se maintiennent sans changemens » sensibles. » Puis vient l'argument des intérêts militaires. Mais ne sont-ce pas les mêmes raisons qui ont été données en 1779? L'expérience n'a-t elle pas prouvé leur peu de fondement ? Il est vrai que la commission croit avoir découvert les colonnes d'Hercule, que le port du Havre ne pourra franchir et qu'elle a écrit sur cette limite le trop fameux *nec plus ultrà*. Il est vrai que la commission s'appuie de l'exemple de grands centres commerciaux qu'elle ne nomme pas et qui restent à-peu-près stationnaires. Il est fâcheux vraiment qu'elle ait cru devoir dissimuler leurs noms. Serait-ce Marseille? Mais Marseille comme le Havre, devient chaque jour plus insuffisant au commerce qui s'y porte. Nantes et Bordeaux, loin de s'arrêter, perdent chaque jour. Ce n'est donc pas en France que la commission a puisé ces exemples. Serait-ce en Angleterre? Je ne parlerai pas de Londres., qui n'a jamais eu de rivale dans le monde, mais de Liverpool. D'après la géographie de Balbi, ce port, en 1561, ne disposait que de 177 tonneaux ; en 1648 ce chiffre s'élevait à peine à 462. Déjà à cette époque le Havre, qui venait de naître était de beaucoup supérieur au port anglais. Le commerce de Liverpool ne prit une extension rapide qu'après l'ouverture de son premier dock en 1699. Aujourd'hui il y a douze bassins à flot pouvant contenir 480 navires, tandis que le Havre n'en peut recevoir que 253. Sa population s'est élevée depuis 1700 de 5,714 habitans à 230,000, et cette progression est loin d'être à son terme. La navigation à vapeur avec l'Amérique va lui imprimer une nouvelle impulsion. Il doit donc être démontré que l'on ne peut ainsi déterminer *à priori* l'étendue qu'il faut assigner à l'agrandissement du Havre. Cet agrandissement même par les nouvelles facilités qu'il apportera au commerce, combiné avec les chemins de fer qui tôt ou tard rayonneront de Paris vers toutes nos frontières, et le perfectionnement de la navigation à vapeur, pousseront le Havre dans une voie de progrès si vaste que l'on ne peut en prévoir les résultats. Vous donnerez à la ville une étendue double, avec une dépense d'une dixaine de millions en fortifications. Et bien dans vingt années, si nous continuons à jouir de l'état de paix dans lequel nous vivons, la force des choses et *l'intérêt même du trésor* nécessiteront un nouveau déplacement des lignes militaires, si non leur destruction. On aura dépensé en terrassemens des millions qui auraient été beaucoup mieux employés à creuser des bassins. La destruction des fortifications est une nécessité qu'il faudra subir tôt ou tard. Mais plus on reculera, plus le dommage sera grand.

On le voit, nous tournons dans un cercle dans lequel il n'y a qu'une issue. On a beau chercher à la dissimuler, à la masquer, toujours on y revient involontairement et par la seule logique du bon sens. Cette question des fortifications domine de toutes parts celle de l'agrandissement du Havre. On ne peut s'occuper de celle-ci sans examiner la première. Aussi je ne comprends pas comment on a pu scinder les deux questions : car l'une ne peut être résolue sans l'autre. Si je trouve votre système de bassins mauvais, comment puis-je en proposer un autre si vous me défendez de le tracer sur un autre terrain que celui de votre enceinte? L'enquête est donc paralysée dans son principe. Il ne me reste plus qu'à protester sur le registre, sans pouvoir émettre une idée qui pourrait peut-être contenir un bon conseil. Du choc des opinions jaillit la lumière. Je sais bien que l'article 65 de la loi du 7 juillet 1833, sur les expropriations, exclut de la formalité de l'enquête les travaux militaires. Mais quand le législateur a fait cette loi, il ne prévoyait pas qu'il se rencontrerait des circonstances où les intérêts militaires devraient être balancés par les intérêts commerciaux, ou il pensait que l'on chercherait de bonne foi à les concilier, et que sans faire une enquête sur ce point on chercherait au moins à s'éclairer par tous les moyens possibles. Mais il ne croyait pas qu'il se rencontrerait une commission qui se refuserait à entendre le débat des intérêts engagés dans la question.

Certes, si la commission fut venue sur les lieux, et se fut enquise des objections que l'on pouvait lui présenter, loin que son travail eût fait double emploi avec l'enquête ordonnée par la loi, ainsi qu'elle l'affirme page 30, et dont on n'eût pas été dispensé par là, elle aurait fait chose utile à elle et à notre ville. Elle aurait éclairci une question que la loi ne permettait pas de soumettre à l'enquête. Son déplacement aurait donc pu produire un heureux résultat. Au reste, j'aurai encore plusieurs occasions de signaler la nécessité du déplacement de la commission avant la rédaction de son plan. J'aurai à faire ressortir des erreurs graves qu'elle eut évitées par ce moyen.

Dans ma prochaine lettre j'aurai maintenant à examiner quels sont les besoins du commerce du Havre, et si le plan de la commission y satisfait en quelque partie.

Quatrième Lettre.

Monsieur ,

Je me suis proposé d'examiner dans cette lettre la nature des besoins du port du Havre. Je vais le faire à l'aide du rapport même de la commission : et cependant je ne crois pas arriver aux mêmes résultats qu'elle a obtenus.

« Le chenal du port du Havre, a dit la commission (page 5), est souvent si encombré par les navires qui entrent et qui sortent qu'une *seconde entrée*, dont l'utilité se faisait déjà sentir en 1787, est aujourd'hui vivement désirée. » Les dommages causés au commerce par l'état actuel des choses sont avoués par la commission. Il est de plus reconnu par elle que l'augmentation des bassins amène comme conséquence forcée une nouvelle passe (p. 23 et 25).

Qu'arrive-t-il en effet ? c'est que par certains vents l'avant-port est encombré d'une foule de bateaux qui attendent le moment favorable pour monter à Rouen ; c'est qu'au même moment il survient quelquefois en une seule marée une vingtaine de navires qui se pressent à l'issue du bassin de la Barre et du bassin du Roi, et qui, resserrés dans un espace étroit, se font des avaries, entravent

leurs mouvemens et perdent un temps précieux
pour entrer dans les bassins. C'est qu'au même moment des navires se présentent aux portes pour
sortir et qu'ils ne le peuvent, ou que, s'ils parvien-
nent à le faire, il est impossible qu'ils arrivent au
bout des jetées et ils échouent dans l'avant-port, ou
s'ils réussissent à sortir à temps, les navires ve-
nant de la mer ne peuvent entrer dans les bassins
et restent échoués; accidens quotidiens, dans lesquels souffrent le navire, la marchandise et les intérêts du commerce. Dans l'état de chose actuel, il
s'établit aux abords des bassins une confusion inextricable.

Que sera-ce, lorsque l'étendue des bassins sera
doublée? Aujourd'hui, on voit arriver au Havre,
dans une belle marée, une vingtaine de navires
et deux ou trois bateaux à vapeur, et la confusion
est grande. Mais doubler les bassins, c'est reconnaître que le nombre des navires doublera. Vous
pourrez donc avoir alors quelquefois quarante navires et une dixaine de steamers se pressant dans
le fond de l'avant-port pour entrer dans les bassins.
Vous doublez les bassins, vous admettez un nombre
double de navires; doublez donc aussi votre avant-
port.

La commission a bien reconnu cette nécessité, et
voici de quelle manière elle s'est proposé de résoudre le problême : Elle s'est dit que par des vents
d'ouest forcés, la sortie des navires destinés à la
Seine est presque impossible, qu'ils ne pouvaient
doubler la jetée du sud-est; qu'en temps de guerre
le port pouvait se trouver fermé par l'ennemi, et
qu'alors la navigation entre le Havre et Rouen était
interrompue; qu'enfin c'étaient les caboteurs qui
devaient remonter en Seine qui encombraient l'avant-
port. Alors elle a proposé, pour parer à ces inconvéniens, de créer une nouvelle entrée dirigée vers
la Seine, laissant le point où elle devait être placée
dans l'indécision, et s'en rapportant aux études fai-

tes sur les lieux. L'utilité de ce moyen de communication avec la Seine est incontestable. Depuis long-temps le besoin en a été senti par les habitans du Havre et par les ingénieurs. Mais le but que la commission se propose sera-t-il atteint? je ne le crois pas. En admettant que, placé convenablement, ce nouvel avant-port reçoive tous les caboteurs de la Seine, il en résultera que l'avant-port actuel sera entièrement libre. Mais fera-t-on, par ce moyen, qu'un nombre considérable de navires, entrant avec vent arrière, obligés par conséquent de mouiller dès la rue St-Julien, ne viennent converger vers les quatre entrées de vos bassins, qui se trouvent disposées dans un espace qui n'a pas 400 mètres de long? Ils ne risquero t plus de faire des avaries aux caboteurs mouillés dans l'avant-port; mais s'en feront-ils moins entre eux? Il me semble évident qu'il n'en sera rien; car aujourd'hui c'est rarement aux caboteurs que les navires du large causent des avaries; c'est à ceux qui, arrivant comme eux, se trouvent placés à leur rencontre. Mais le mal sera encore bien plus grand lorsque les bateaux à vapeur devront, au milieu de ce fouillis de navires, aller chercher l'entrée de leur bassin, que la commission place dans le pan coupé Est du nouvel avant-port. Dans tous les cas la nouvelle sortie en Seine ne pourra pas recevoir les flottes de caboteurs qui arrivent au Havre par des vents d'Ouest ou de Nord-Ouest; ils ne pourront s'exposer à aller les chercher en Seine. Ils entreront donc dans le chenal, et viendront se jetter au milieu des navires de long-cours. La nouvelle entrée de la Seine ne peut donc servir que pour les mouvemens entre Rouen, Honfleur et le Havre, mais non pour le large. Au reste, même sous ce point de vue, c'est un débouché indispensable pour la prospérité du Havre, ainsi que cela avait été reconnu en 1787.

L'utilité de la passe, vers la Seine, bien constatée, il reste à dire un mot de sa position. Comme je l'ai

dit, la commission ne s'est pas crue assez éclairée
par les plans detaillés qu'elle avait sous les yeux,
pour résoudre ce problème difficile. Elle n'a pas
même pensé à se rendre sur les lieux pour l'étudier. Ainsi je ne ferai qu'une observation à ce sujet.
Sur son plan, elle a indiqué la sortie s'embranchant
sur le bassin des steamers. Cette disposition me parait peu convenable. Car si on veut qu'une sortie
vers la Seine puisse servir, il faut qu'elle soit abor-
dable pour les caboteurs. Or, jamais les caboteurs
ne consentiront à aller payer dans un bassin des
droits qu'ils ne pourraient supporter. Si vous voulez
les y contraindre, ils resteront sur la rade, puis par
un temps forcé, ils se jetteront dans le port pour y
chercher un abri. D'ailleurs, s'ils devaient aller dans
un bassin, certes ce ne devrait pas être dans le bassin des steamers; car on sait que le commerce demande la séparation complète de ces derniers de
tous les navires à voiles. Ensuite si cette issue forme
un long canal, les bateaux à vapeur qui ne pourraient se servir de leur machine pour le parcours,
refuseraient encore de s'y rendre. Puis les caboteurs
qui devraient se faire hâler pendant un long espace
ne s'en serviraient pas davantage. Il faut que ce chenal communique directement avec l'avant-port et la
Seine, et qu'il ne faille pas l'intermédiaire d'un
canal et de plusieurs écluses. Je crois, sauf meilleur
avis, que cette ouverture a été parfaitement placée
par M. Bailleul, au fond du nouvel avant-port,
communiquant directement avec la Seine. Mais
comme il paraît, ainsi que je l'ai déjà remarqué,
que la commission n'a pas eu connaissance de cet
ouvrage, si bien étudié sous tant de rapports, on ne
doit pas être surpris qu'elle ne se soit pas occupée
de ce plan. Cette passe déboucherait en face de l'extrémité du banc d'Amfar, dans un endroit où en avant
de la laisse de basse mer en vive eau, il reste au
moins une brasse et demie à deux brasses d'eau.
Elle serait commode pour les navires et les steamers

destinés pour la Seine. Elle serait en outre très-
avantageuse pour la sortie des navires dans certains
vents, lorsqu'ils sont forcés d'aller en Seine à-peu-
près à la hauteur de la citadelle, chercher le courant
pour s'élever.

Mais, me dira-t-on, vous n'éloignez pas les caboteurs de l'avant-port. C'est vrai ; mais j'examinerai
plus loin s'il n'y a pas moyen de parer à cet encombrement. Ce que j'ai voulu démontrer c'est que le
projet de la commission n'obviait à aucun des inconvéniens signalés.

Vient ensuite l'opportunité d'un dock. Personne ne
songe à contester l'utilité de cet établissement. On
sait toute l'économie et la rapidité qu'il apporte dans
le mouvement des marchandises ; plus de vols possibles, plus de séjour sur les quais, et enfin plus de
ces frais de transport qui grèvent à chaque instant
les marchandises. C'est selon la commission (p. 5)
une économie pour le commerce de 1,300,000 fr.
Or si l'on admet que le commerce du Havre devienne double, il en résultera une économie de
2,600,000 francs au moins : car il est probable
que les vols, les détériorations et les frais
de déplacement croîtraient dans une proportion plus
rapide. La commission a reconnu pour le Havre la
nécessité d'un dock. Et tous les hommes éclairés ont
été de son avis. Elle a présenté deux positions dans
lesquelles il pourrait être construit. Je n'examine
pas maintenant celle des deux qui devrait être pré-
férée. Lorsqu'admettant l'hypothèse de l'adoption du
plan de la commission, j'en examinerai les détails,
j'aurai à me prononcer sur ce point.

Mais ce dock, quellequ'en soit la forme, peut-il satisfaire aux besoins du commerce. Je ne le crois pas.
Il me semble que le dock doit, pour avoir toute l'utilité possible, se combiner avec le chemin de fer,
dont le Havre, sans nul doute, va être bientôt doté.
Il faut qu'un embranchement du chemin permette
d'amener les vagons à charger ou à décharger jus-

qu'au pied des magasins. Cette condition ne pourra
jamais être remplie d'une manière satisfaisante, tant
que l'on tiendra à donner au dock une entrée dans l'a-
vant-port. Je regarde cette entrée comme entièrement
inutile ; car jamais un navire ne peut être prêt à
décharger le jour même de son entrée au port, ni à
partir le jour où son chargement est terminé. Les
navires devront donc toujours stationner un jour ou
deux dans les bassins. Ce qui importe donc seulement, c'est que le dock soit assez central pour communiquer facilement avec tous les bassins, et
recevoir immédiatement les navires prêts à décharger.
Cette combinaison permet même alors de réaliser
quelques économies sur la contruction de l'écluse qui
devrait être ouverte sur l'avant-port.

A propos des docks, la commission a cru devoir
s'occuper de résoudre la question de savoir à qui
l'exécution pourrait en être confiée. « Le conseil
» municipal, a dit la commission (p. 26), a protesté
» contre l'établissement d'un dock, ou du moins
» contre son affectation à l'entrepôt des marchan-
» dises étrangères, prétendant qu'à la ville seule
» appartient le droit de recevoir ces marchandises
» en entrepôt, en raison des dépenses considérables
» que la ville a faites pour la reconstruction et l'en-
» tretien des bâtimens affectés à l'entrepôt-réel ;
» déclarant qu'il considérait comme une usurpation
» des droits de la ville et comme une spoliation
» qu'on commettrait à son égard, toute disposition
» qui affecterait à l'entrepôt-réel des marchandises
» étrangères un local autre que celui dont la ville
» est propriétaire, et par suite toute autorisation
» qui serait donnée à une compagnie quelconque
» de percevoir un droit de magasinage sur ces mar-
» chandises. » L'examen de cette protestation, qui
soulève de *toutes parts* des intérêts rivaux, demande
à être fait avec impartialité et surtout avec *indépen-*
dance. Avant tout, il faut bien poser le sens de la
protestation du conseil municipal. A-t-il voulu pro-

tester à toujours contre la construction d'un dock?
Non ; il a voulu seulement résister à la concession
de cet établissement à une compagnie. Telle est
la position qu'il a prise.

Mais la commission a entrepris de lui répondre.
Qu'a-t-elle fait valoir? voyons. Vingt-cinq millions
de marchandises doivent être reçus dans l'entrepôt-
réel qui, aux termes de la loi, ne doit comprendre
qu'un seul corps de bâtimens, et l'entrepôt de la
ville n'en peut contenir que huit millions, ce qui
impose au commerce des formalités nombreuses et
est contraire à la loi. Le dock remédierait à tout cela.
La loi du 8 floréal an 11 ne confère pas aux villes
le droit exclusif de construire des entrepôts, ainsi
que la ville du Havre le prétend ; c'est aux *ports* que
ce droit est conféré par l'article 23, ce qui a eu lieu
à Bordeaux, Nantes, etc. La ville a donc construit
l'entrepôt à ses risques et périls comme une compagnie. D'ailleurs l'état, en concédant un péage,
n'entend pas créer un monopole et s'interdire le droit
d'autoriser d'autres établissemens du même genre
dans les intérêts de tous.

L'argumentation de la commission se résume donc
à dire que la loi n'accorde le privilège des entrepôts
qu'aux *ports*, parce que l'article 23 dit que des entrepôts seront ouverts dans les ports de Marseille,
etc. Mais s'il fallait s'en tenir aux mots, on trouverait dans l'article 25, ces mots qui ont sans doute
échappé à la sagacité des recherches de la commission, *les villes auxquelles l'entrepôt est accordé.....* De
sorte qu'en opposant les mots aux mots, on entre-
prendrait une discussion sans fin. Ce qu'il faut considérer, ce sont les charges auxquelles le droit
d'entrepôt a été concédé à la ville du Havre. Ces
conditions, personne ne le niera, sont les mêmes
que celles imposées aux chambres de commerce ;
c'est-à-dire que la ville du Havre est soumise à
l'obligation imposée par l'article 25 déjà cité, de
fournir *sur le port, des magasins convenables, sûrs et*

réunis en un seul corps de bâtiment. Voilà pourquoi la ville du Havre a construit cet entrepôt que, lors de sa construction, quelques personnes regardaient comme trop vaste. Puis la ville jouit en vertu de l'ordonnance du 9 janvier 1818, rendue en vue de diminuer les difficultés éprouvées dans certains ports par le défaut de magasins assez étendus pour recevoir toutes les marchandises, de la faculté de les entreposer dans d'autres magasins. Mais à la première réquisition de la douane, la ville peut être mise en demeure de fournir un entrepôt plus vaste. D'ailleurs la commission a commis une erreur grave en portant à trente-deux le nombre des succursales de l'entrepôt. Il n'est que de quatre et n'a jamais dépassé six. Et encore ce sont tous magasins de bas, situés en partie sur les quais et à proximité de l'entrepôt.

Mais si au Havre la ville a dépensé des centaines de mille francs pour la construction d'un entrepôt, au lieu de la chambre de commerce, est-ce à dire qu'elle s'est mise dans la position d'une compagnie concessionnaire? Évidemment, non : car la ville s'est soumise aux mêmes charges qui auraient été imposées à la chambre de commerce. Il n'a pas été fait de contrat avec elle, comme il en eut été fait avec une compagnie. Elle a la propriété des bâtimens à tout jamais : et on n'a pas encore vu de compagnie à laquelle une concession ait été faite sans stipulation de retour à l'état, après une exploitation d'un certain nombre d'années. Si la chambre de commerce eût construit l'entrepôt, la commission ne ferait pas de difficulté. Mais *nulle part la loi n'exige que les chambres de commerce s'en chargent.* Cela a lieu habituellement, parce qu'un entrepôt, étant exclusivement utile au commerce, on a pensé qu'il était juste que le commerce seul en fît les frais. Au Havre, les circonstances ne s'y prêtaient pas : la ville alors a construit l'entrepôt et doit jouir des mêmes droits qui eussent appartenu à la chambre de commerce.

Voyez d'ailleurs à Marseille : c'est la chambre de commerce et non une compagnie qui demande à construire les docks.

Mais est-ce à dire alors qu'en maintenant les droits de la ville, on expose le commerce du Havre à ne pas avoir de dock? Il n'en est rien. L'administration des douanes n'a qu'à décider que l'entrepôt actuel est trop restreint et sommer la ville d'en construire un autre. Elle ne pourra pas s'y refuser sous peine de déchéance de ses droits. On lui fixera l'emplacement qui sera alors autour d'un bassin. Mais alors, va-t-on me dire, vous forcez le gouvernement à faire les frais du bassin. Il n'en est rien. Le gouvernement pourra forcer la ville, toujours sous peine de déchéance, à construire le bassin et les magasins. Alors la ville sera libre de traiter avec une compagnie à laquelle elle concédera l'exploitation du dock pendant un certain nombre d'années, avec retour à la ville, ce temps expiré. On peut encore agir autrement. Le gouvernement peut concéder la construction du bassin à une compagnie, comme il a déjà fait pour le bassin du commerce, moyennant un droit par navire. Puis la ville construira les magasins et percevra le droit de magasinage : ou elle pourra traiter avec la compagnie concessionnaire des bassins. Il n'est donc pas besoin pour concilier les intérêts de tous, de recourir à une interprétation judaïque et injuste d'une loi claire et précise. Je crois même que si la commission eût apporté à l'examen de cette question un esprit *libre de toute préoccupation*, elle serait arrivée au même résultat. Au reste, si je me suis livré à cette discussion, c'est que la commission m'en faisait un devoir par ses récriminations injustes contre *les intérêts rivaux* (page 22) qui s'opposent à la concession de ce nouvel entrepôt à une compagnie. Et j'ai la conviction de l'avoir fait avec indépendance.

J'arrive enfin au bassin spécial des steamers. Je me suis demandé à quelles conditions il devait satisfaire pour être réellement utile à la navigation.

L'ouverture des portes doit être telle qu'il puisse recevoir les plus grands bateaux à vapeur que l'on construit aujourd'hui, c'est à-dire qu'il doit avoir 21 mètres, dimension qui ne parait pas devoir être dépassée. Il doit être précédé d'un bief éclusé, afin que les bateaux à vapeur puissent y entrer et en sortir depuis le premier moment de la marée jusqu'au dernier. Il faut que ce bassin soit exclusivement destiné aux steamers, qui pourront alors chauffer sans en sortir et sans exposer les navires à voiles à des incendies redoutables causés par les étincelles qui sortent journellement des tuyaux. Cette condition, si hautement proclamée par le commerce, me parait avoir échappé à la commission qui n'en fait aucune mention, et place au contraire dans son bassin les chalands et les caboteurs de la Seine (p. 28). Ce bassin, étant destiné à recevoir des navires destinés aux passagers, doit être aussi central que possible. Comme la longueur des steamers augmente de jour en jour, il doit avoir assez de largeur pour qu'un bateau de grande dimension puisse éviter sans déranger ceux qui seront à quai. Le bassin des steamers doit communiquer facilement avec le dock, pour que les bateaux puissent aller y déposer leurs marchandises. Enfin, les quais doivent être assez larges pour qu'on puisse y établir des hangars fixes et fermés, destinés à remplacer ces tentes hideuses et peu sûres qui se dressent aujourd'hui à demeure sur les emplacemens des bateaux à vapeur.

Pour répondre à ces exigences, la commission donne au bassin des steamers une écluse de 17 mètres seulement; l'écluse, il est vrai, est à sas. Le bassin est placé parallèlement à la digue de l'Eure, à une des extrémités de la ville, séparé de l'ancienne et de la nouvelle ville par plus ou moins de ponts, selon les quartiers. Sa largeur est seulement égale à celle du bassin du Commerce, soit 100 mètres. Il ne communique pas avec le dock, eu égard du moins au plan n. 2 que la commission a adopté. Enfin ses quais n'ont que la largeur de ceux du bassin du Commerce. Il ne remplit donc aucune des conditions voulues, et même la commission a paru ignorer plusieurs d'entre elles.

Ainsi, ni entrée, ni dock, ni bassin des steamers, les trois choses dont le commerce ressente aujourd'hui le plus vivement la nécessité, ne répondent à ses besoins. Ferai-je remarquer maintenant que la commission ne parait pas avoir cherché à se rendre compte des effets que produiraient ses travaux sur les courants du port? Lorsque le nouvel avant port a été ouvert, il s'est établi entre les jetées un courant violent qui a déjà causé bien des avaries aux navires qui profitent de la mer montante pour sortir. Il est à craindre que lorsque dans cet avant-port on aura ouvert un dock de 340 mètres de long, un bassin de steamers de 400 mètres, le tout communiquant avec le bassin Vauban et le bassin central, plus, l'écluse de la Floride, que la commission veut rendre libre, la mer ne se précipite alors dans le port avec une fougue telle que tout mouvement devienne impossible avant le plein. Cette considération ne parait nullement préoccuper la commission.

Puis, à quoi servira le nouvel avant port? Son quai Est sera coupé de trois écluses. L'autre quai ne pourra être livré aux caboteurs qui approvisionnent le Havre de bois et de cidre; car l'avant-port ne sera pas trop vaste pour les mouvements de navires qui se dirigeront vers les nouvelles entrées de bassins. Que fera-t-on alors de ces caboteurs? Je ne crois pas qu'on veuille les envoyer aussi dans le bassin des steamers. Enfin, en terminant, je ferai remarquer l'inextricable confusion d'écluses qu'il faudra franchir pour pénétrer dans certains bassins. Un navire placé dans le second bassin Vauban devra au minimum passer trois écluses pour sortir du port.

Après avoir ainsi démontré tout ce que les bases

du plan de la commission présentent de peu rationel
et de peu satisfaisant, il me reste à faire connaître
ce qui devrait être fait. Car il ne suffit pas de démolir, il faut être en état de reconstruire. En signa-
lant le mal, il faut pouvoir fournir le remède. C'est
ce que je tenterai de faire dans ma prochaine lettre.
Puis je terminerai par l'examen des modifications
que devrait subir le plan de la commission, dans le
cas où la *mauvaise destinée* du Havre voudrait qu'il
fût adopté.

Cinquième Lettre.

Monsieur,

J'ai jusqu'à ce jour accompli la partie la plus facile de mon travail. L'ai-je fait avec bonheur? C'est
à vos lecteurs de décider. Mais si j'ai eu besoin de
toute leur indulgence, elle va m'être encore plus
nécessaire aujourd'hui : car au travail de la démoli-
tion va succéder celui de la reconstruction ; je vais
chercher à substituer quelques idées à celles que j'ai
combattues.

De quel côté la ville doit-elle s'accroître ? La
haute commission a pensé que ce devait être vers
l'Eure, parce que là les terrains ont moins de valeur
que partout ailleurs, et parce que l'opinion générale,
au Havre, est favorable à cet agrandissement (p. 16).
Quant au prix du terrain, la commission a été fort
mal renseignée : car *depuis long-temps* la plupart des
terrains, longeant le canal Vauban, ont acquis une
valeur remarquable, et sont même aussi chers que
certains terrains situés dans la ville. Pour ce qui est
de la tendance de l'opinion publique, la commission
s'appuie de ce que M. le maire lui aurait déclaré
qu'on demandait au Havre l'extension vers l'est, et
que même le conseil municipal en aurait délibéré,

si l'on n'eût pas voulu laisser toute liberté d'action à
l'autorité supérieure. Sans aucun doute la déclaration
de M. le maire aura été mal saisie par la commission : car avant que le plan de la commission n'eût vu
le jour, il était bien difficile de dire ce que demandait l'opinion publique. Elle ne s'était point encore
formulée. Je reconnais que les personnes intéressées
à l'extension dans ce sens en avaient émis le vœu
tout naturel : elles avaient demandé un plan qui
devait les favoriser d'une manière toute particulière;
et en cela elles avaient agi comme personnes défen-
dant au mieux leurs intérêts, ce qui est parfaitement
juste. Mais que la masse se fût prononcée, il n'en est
rien : car aujourd'hui encore beaucoup sont indécis.
Mais la plupart de ceux qui se sont formé une opinion signent une *protestation* contre le plan de la
commission.

Le côté de l'Est ne peut convenir pour l'extension
du Havre. Il est ridicule d'enfoncer un port dans
les terres, d'éloigner les bassins de la mer. C'est
augmenter à plaisir les difficultés et les dépenses.
Les Anglais se sont bien gardés d'éloigner les bassins
de Liverpool du bord de la Mersey. D'ailleurs le sol
de l'Eure est bas et malsain. Il n'y a pas encore
tant d'années que ce village ne fournissait pas
d'hommes à la conscription. La population y était
dévorée par les fièvres. Pour y bâtir une ville, il
faudrait élever le sol de près de dix pieds. Lorsqu'avant 1787, il fut question d'agrandir le Havre,
plusieurs plans furent présentés, reportant la nouvelle ville vers l'Eure. C'étaient les projets de MM.
Decaux (1779) et Légier (1779). Ils furent rejetés.
Et alors on ne craignit pas de rapprocher la ville de
la côte et de s'étendre parallèlement à la mer. Car
c'est dans ce sens seulement que l'on peut penser à
agrandir le Havre d'une manière profitable. Il faut
se rapprocher de la mer le plus possible, afin que
les navires n'aient pas un long espace à parcourir
pour arriver aux bassins.

Jusqu'à ce jour deux projets publiés ont cherché à satisfaire à cette condition. L'un est dû a M. Bailleul qui propose d'aller conquérir sur la mer tout le terrain dont le Havre a besoin pour faire des bassins. Il s'empare de l'anse formée dans le fond de Sainte-Adresse, y place deux beaux bassins et un vaste quartier. Ce projet est grandiose et a l'avantage de donner à l'entrée des bassins une profondeur d'eau qui n'est pas moindre de dix-huit pieds de mer basse en vive eau. Mais il entraine avec lui des dépenses considérables qui nuiront toujours à son adoption ; c'est la nécessité d'une digue pour fermer la rade et former un avant-port à l'abri des vents. Il serait peut-être à craindre que ce travail ne changeât l'établissement du port et ne le privât de l'avantage unique de conserver son plein pendant trois heures. On pourrait encore redouter que cette rade fermée ne devint le réceptacle de tout ce que la Seine charrie dans son cours et ne vînt bientôt à perdre de sa profondeur.

Un projet moins grandiose, mais plus exécutable, a été conçu par M. Leberrier. Il a proposé d'ouvrir au port une nouvelle entrée vers les moulins, dans un endroit où de mer basse en vive eau, il y a trois brasses et demie d'eau. La fosse dans laquelle débouche cet avant-port est connue depuis long temps pour la profondeur et pour la solidité de son mouillage. C'est là que pendant la dernière guerre, un officier qui commandait le port du Havre et dans les idées duquel *une entrée vers ce point paraissait indispensable*, fit mouiller deux frégates qui devaient chercher à sortir de la rade malgré la surveillance des Anglais. L'appareillage de ce point fut si commode que ces deux navires réussirent à échapper à l'ennemi. C'est encore là qu'il y a deux ans, par une violente tempête, un brick dont le nom m'échappe fut affalé par le vent et tint toute une nuit contre la mer, mouillé sur ses ancres. Une entrée au port serait donc parfaitement placée dans cette partie de la côte.

4

Lors de la fondation du Havre, la mer pénétrait dans les terres par une rigole assez étroite. Ce fut ce point que l'on choisit pour y faire l'entrée du port. On écouta les conseils de la nature. Et bien, aujourd'hui, la mer cherche à se frayer un passage vers les moulins. Au lieu de lui résister, de lui opposer des endiguemens ruineux, faisons-lui un passage ; mais on objecte à cela que c'est accélérer le moment où le Havre ne formera plus qu'une ile et qu'alors la ruine de la ville sera certaine. Il pourrait en être ainsi, si la mer s'ouvrait un passage de vive force ; mais lorsqu'elle pénétrera dans un chenal bien emmuraillé, ce danger ne sera plus à craindre. Le quartier St-François, depuis bientôt trois cents ans, forme une ile, et il subsiste encore ; et cependant il n'a pas toujours été entouré de murailles. Cette menace de ruine n'est donc qu'une vaine fantasmagorie.

Au moyen de cette entrée, le commerce du Havre peut s'accroitre sans que l'on ait à craindre qu'il se produise d'encombrement dans son avant-port. Les caboteurs y trouveront place sans nuire aux mouvemens des navires de long cours. Un plus grand tirant d'eau sera ensuite obtenu, ce qui est un avantage immense, tant pour la marine marchande que pour la marine royale.

Enfin, de l'appareillage de ces frégates dont j'ai parlé, il résulte que ces navires pourront mettre à la voile avec facilité et sortiront même de la rade avant ceux qui passeront par l'ancienne entrée. Ce fait a été reconnu par plusieurs capitaines.

On a objecté que la construction d'une jetée dans cette partie de la côte, tout en consolidant l'espace compris entre son extrémité et la Hève, amènera la dégradation de la portion qui borde le Perrey. Ceci peut être vrai : mais dans une question aussi importante cette considération serait de peu de poids, parce que les travaux de défense seraient loin d'être en rapport avec les avantages que l'on aurait conquis. Je pense donc qu'il serait nécessaire de créer cette nouvelle entrée. Mais comment devra-t-elle être faite ? quelle sera son orientation ? Ce sont des questions que je n'examine pas et que je laisse aux hommes de l'art le soin de décider.

Cet avant-port pourrait être prolongé jusqu'à l'alignement de la rue de Paris dont il ne devrait pas interrompre le tracé. Au fond, serait ouvert un bassin égal en dimension, parallèle au bassin du Commerce. Une écluse placée au centre et passant près de la place du Commerce les mettrait en communication. La bourse pourrait être élevée sur cette place. Sur le côté nord de l'avant-port pourrait être placé le bassin des Steamers qui aurait une écluse de vingt et un mètres. Ce bassin communiquerait par une écluse avec un second bassin égal et parallèle au bassin du Commerce. A l'extrémité de ces deux bassins nouveaux, et perpendiculairement à leur axe, serait le dock qui alors serait à proximité du chemin de fer. Une écluse le mettrait en communication avec le bassin de la Barre. Il faudrait donner à toutes ces écluses, ainsi que le propose la commission, une largeur de 17 mètres. Par la manière dont ce système de bassin serait combiné, les steamers ayant moins de 17 mètres de largeur pourraient pénétrer dans le bassin du commerce et dans celui de la Barre, sans qu'on fût obligé de reconstruire leurs anciennes écluses.

Comme je l'ai déjà dit, une sortie vers la Seine devrait être ouverte à travers le nouvel avant-port, comme l'avaient proposé M. de Cessart en 1792, et M. Bailleul dernièrement. Une vaste retenue, commune à l'ancienne et à la nouvelle entrée serait à créer sur le front du Perrey dans l'emplacement des fortifications. Le bassin Vauban élargi et entouré de murs serait destiné aux navires en armement, en radoub et au débarquement de certains objets. Un bassin, servant en même temps de retenue pour les chasses de la sortie vers la Seine, serait creusé en angle dans les fortifications comprises entre le canal Vauban et cette entrée. Il serait entouré de hangars et servirait au débarquement des vins qui viendraient tous au Havre, si notre port pouvait leur offrir un lieu de dépôt convenable sur les quais.

Si l'on pensait que la sortie dans les moulins dût être orientée comme la sortie actuelle, alors le bassin des Steamers passerait du côté nord au côté sud et longerait la rue d'Orléans. Il serait ainsi au centre même de la ville et n'en communiquerait pas moins avec les autres bassins.

Dans ce plan, un nombre de bassin au moins égal à celui proposé par la haute commission, serait offert au commerce et pourrait être exécuté successivement. Tous les bassins communiqueraient facilement entre eux sans aucune exception. Le dock serait à portée de chacun d'eux et à proximité du chemin de fer. Mais une question peut arrêter ; c'est celle de la dépense. Je ne puis me livrer à ce sujet à aucune évaluation Seulement je ferai remarquer qu'il n'y a, pour ainsi dire, pas de terrains à acheter, puisque tous les bassi s sont tracés dans les fortifications, dont une partie resterait disponible pour la vente, tandis que la commission trace ses bassins exclusivement dans des terrains qu'il faudra payer fort cher. C'est donc une considération à peser.

J'ajouterai encore que l'agrandissement du Havre se ferait alors également vers Ingouville et vers l'Eure, puisque le bassin Vauban devrait être conservé. Je demanderais même que le canal Vauban fut rouvert jusqu'à Harfleur, afin d'établir une communication par eau entre le Havre et cette ville. Tous les intérêts seraient donc conciliés. Les propriétaires de l'ancienne ville se trouveraient au centre des affaires ; ceux de la nouvelle n'en seraient pas plus éloignés. La partie de l'Eure enfin serait vivifiée par l'arrivée du chemin de fer et du canal d'Harfleur. Les facilités que ce plan donnerait au

commerce seraient telles qu'il s'accroîtrait rapide-
ment, que par suite la population augmenterait dans
la même proportion et que la valeur des propriétés
recevrait une notable augmentation.

Mais ce projet nécessite des dépenses considérables
et ne peut être l'œuvre d'un jour. Et cependant le
commerce réclame avec autant d'instance que de jus-
tice l'espace dont il a besoin. Dans une prochaine
lettre, qui sera la dernière, j'examinerai les moyens
d'y subvenir.

Sixième Lettre.

Monsieur ,

Des termes de ma précédente lettre, il faudrait bien se garder de conclure que j'aie osé formuler un plan dans ses moindres détails. J'ai voulu seulement poser le principe d'une nouvelle entrée et de la proximité du dock des abords du chemin de fer ; et j'ai cherché à montrer de quelle manière il serait peut-être possible de disposer un système de bassins à voiles et à vapeur, sur cette nouvelle entrée. Mais ce n'est point là un plan proposé à l'exécution. Je reconnais tout le premier que dans les détails il devrait subir de graves modifications. J'ai posé un principe, j'ai cherché à en faire ressortir la fécondité aux hommes de l'art à voir ce qu'il y a à faire pour l'exécution. J'ajouterai que dans mon idée la Bourse serait sur la place du Commerce et la Douane sur l'emplacement de l'entrepôt.

Dans ma seconde lettre, j'émettais le vœu qu'un système de forts fût substitué à l'enceinte continue dont veut nous gratifier la haute commission. Quelques renseignemens qui m'ont été communiqués trouveront place ici. D'abord le système de cette enceinte est rejeté par des sommités du corps de génie et d'artillerie, parce que la place ainsi prolongée ne serait pas susceptible de défense, et qu'il n'y a pas de *feux croisés*, condition indispensable à toute fortification.

Ensuite dans l'ouvrage de M. Bailleul, que j'ai déjà cité plusieurs fois (p. 54), cet officier, pour défendre l'utilité de l'enceinte du Havre, s'appuyait de ces mots de Napoléon : « Dans les dernières an- » nées de la monarchie on a eu l'ineptie de détruire » les fortifications du Havre, ce qui est le comble » de l'ignorance. » A ce moment l'enceinte était commencée (1810), mais les travaux avaient été suspendus. Frappé de la misère qui régnait au Havre, l'empereur autorisa le creusement du troisième fossé, pour donner du pain au peuple. Mais entendait-il par là consacrer le système d'une enceinte continue? Le fait suivant prouve le contraire. Napoléon se rendit sur la côte, au pavillon de M. Bégouen-Demeaux. Et là, après avoir examiné les lieux, de ce coup-d'œil d'aigle qui saisissait un ensemble avec tant de précision, il dit qu'il fallait supprimer l'enceinte et pourvoir à la défense de la ville d'une autre manière. Il plaçait un fortin à l'extrémité de la côte dite de St-Roch; un autre était tracé près du jardin de M. Bégouen, une citadelle entourée de gazonnemens occupait l'emplacement de la corderie de M. de Bléville. Un fortin, derrière le jardin de M. Eyriès, commandait la vallée de Rouelles. Un autre était au pied de la côte, à-peu-près vers le Mont-Joly et croisait ses feux avec celui qui devait être au Hoc. Ensuite pour faciliter l'approvisionnement de la citadelle une grande route montait à la sortie de Harfleur sur la côte et se rendait en longeant le sommet à Ingouville où elle aboutissait près des Pénitens. A ce point était tracée une grande patte d'oie, carrefour de cinq routes. Cette arrivée du Havre aurait dans l'idée de l'empereur offert aux voyageurs la magnifique arrivée de Marseille. Mais, comme je l'ai dit, au moyen de ces forts, il supprimait l'enceinte du Havre, disant que peu lui importait la ville, pourvu que la citadelle tint contre l'ennemi. Le général Bertrand traçait le plan : l'empereur un crayon à la main rectifiait les tracés. Ce croquis intéressant doit se trouver dans les archives du génie militaire. L'exactitude de ces détails m'est garantie par un témoin oculaire.

Maintenant je poursuis ma route. J'ai cherché à montrer que le projet de la commission était inexécutable, parce qu'il offrait des inconvéniens trop graves qui ne seraient pas compensés par le peu d'avantages qu'il offrirait. Je me suis demandé s'il pouvait subir dans son tracé des modifications qui permissent de l'accepter comme un pis-aller. Mais j'avoue que je n'ai pu en découvrir une seule qui m'ait satisfait. Frappé de ce résultat, je me suis enquis des causes qui ont pu amener la commission à proposer un projet aussi défectueux. J'en ai reconnu deux principales. L'une est l'enchaînement dans lequel ses membres étaient tenus par la solution qu'ils avaient donnée à la question des fortications ; l'autre est l'idée qu'ils ont eu de considérer le canal Vauban comme le pivot sur lequel s'appuie tout leur tracé. C'est en effet, parce que tout a été subordonné à ces deux choses, que la commission est arrivée à s'enfoncer ainsi dans les terres et à faire une longue série de bassins à la suite les uns des autres et sans communication directe avec la mer. Cependant, il faut le reconnaître, c'est la pensée des fortifications qui domine tout le travail. La commission eût-elle mis de côté le canal Vauban, qu'elle fut encore arrivée au même résultat. Tant que la question des fortification viendra entraver l'agrandissement de notre port, rien de satisfaisant ne sera fait.

Mais, me dira-t-on, vous n'obtiendrez jamais que les fortifications du Havre soient supprimées. Je crois que c'est une erreur; mais j'avoue que l'heure n'est pas encore venue. Laissez faire le temps, et la solution de cette question se fera toute seule. Si, il

y a seulement huit années, on eût demandé au
gouvernement de toucher aux fortifications pour les
étendre, il s'y fut refusé. Le génie militaire y aurait
mis obstacle, prétextant la sûreté de la ville. Mais
depuis huit années le commerce a reçu chaque jour
des accroissemens rapides. Le Havre a parlé; et de
suite on s'est mis à l'œuvre et on a cherché les
moyens de nous laisser respirer à l'aise dans notre
prison. C'est qu'on a vu que la nécessité était press-
ante et qu'il fallait laisser la ville s'étendre ou
qu'elle allait déborder par dessus ses murailles.C'est
la force des choses qui a plaidé notre cause.

Nous avons obtenu aujourd'hui l'élargissement
des fortifications. — Laissons encore faire les événe-
mens et nous arriverons facilement à leur destruction. Dans peu d'années un chemin de fer va nous
mettre en contact avec Rouen et la Capitale. Nos
intérêts deviendront ceux de Paris. Alors un grand
pas sera déjà fait. Puis viendront sans doute, par la
suite, les chemins de fer de Paris à Strasbourg et de
Paris à Marseille. Et alors on ira à Marseille en
cinquante-cinq heures au lieu de cent trente-deux
que l'on emploie aujourd'hui.

Mais les chemins de fer ne transporteront pas
seulement des voyageurs. Ils voitureront aussi des
marchandises, avec plus de rapidité et à moins de
frais. Puis ajoutez à cela la navigation à vapeur
entre les Etats-Unis et le Havre. Car nul doute que
l'établissement d'une ligne de steamers n'ait lieu
bientôt entre notre port et New-York, aujourd'hui
que le grand problème qui préoccupait les deux
mondes est résolu d'une manière si satisfaisante. Je
vous demanderai si en présence du développement
rapide imprimé alors à notre ville, on pourra penser à maintenir nos fortifications. Je ne le crois pas,
et je ne doute pas que beaucoup ne partagent mon
avis. Mais je reconnais que la question n'est pas encore mûre.

Est-ce à dire pour cela que le Havre doive provi-

soirement rester dans l'état où il se trouve? Loin de
là. Il est des besoins pressans auxquels il est urgent
de satisfaire. Les bassins à voiles sont devenus insuf-
fisans. Les navires sont obligés d'attendre long-temps
leurs places à quai. Il est facile de pourvoir immédiatement à cela. Il faudrait élargir le bassin Vauban
et le porter à cent mètres, puis le revêtir de murs
de quai dans toute la partie qui est en dehors des
fortifications. Le reste devrait être garni de bittes.
Alors un bon nombre de navires trouveraient place
dans ce vaste bassin qui pourrait être livré dans
trois ans.

Je ne dirai qu'un mot de l'ordre dans lequel la
commission propose d'exécuter les travaux de ce
bassin. Selon elle, le bassin Vauban ne viendrait
qu'après le dock et le bassin des Steamers, parce
qu'il pourra remplir long-temps le but auquel
il est destiné, tel qu'il s'exécute, (page 31). Il me
semble au contraire que c'est la première chose
à faire, parce que je pense qu'il faut terminer
ce qui est commencé, avant d'entreprendre de nouvelles choses, une autre raison appuie encore mon
opinion. C'est que le bassin Vauban ne peut servir à rien dans l'état où il est. D'abord les talus,
construits en terre sablonneuse et sans consistance,
ne tarderont pas à s'ébouler et à venir former un
rassis considérable dans le bassin, quand on y intro-
duira l'eau. On a même prétendu que le fond s'élè-
verait au moins de trois pieds par an. On peut voir
d'ailleurs comment ces talus on résisté à l'hiver.
Ensuite ils forceront les navires à se tenir très
éloignés de la crète et à décharger au moyen de
rances très longues, ce qui est difficile et dispendieux.
Si par malheur, ils accostent trop près, il pourra
leur arriver de s'échouer sur ce talus et peut-être
même de chavirer, lorsque le niveau de l'eau chan-
gera dans le bassin. Enfin, lorsque deux navires
seront à quai de chaque côté du bassin, à la distance
requise, c'est à peine s'il restera assez d'espace pour

qu'un troisième puisse passer au milieu. Le bassin Vauban ne peut donc servir dans l'état actuel. Il me semble alors que la commission aurait dû, au lieu de proposer l'ajournement de la construction des murs, demander que, sans attendre la solution des projets d'agrandissement, on procédàt immédiatement à l'élargissement de ce bassin et à la construction des murs dans la partie en dehors des fortifications. J'ajouterai, à propos de ce bassin, qu'il me parait devoir être élargi vers l'est plutôt que vers le nord, afin de respecter les propriétés qui le longent de ce côté. Peu importe que l'écluse ne soit pas précisément sur l'axe. A Liverpool la plupart des écluses sont placées un peu sur le côté, parce qu'alors on gagne une place à quai entre l'écluse et le mur latéral, à moins que le bassin ne soit assez large pour permettre de placer un navire de chaque côté de l'écluse, ce qui je crois, est impossible. D'ailleurs, ne serait-il pas plus avantageux de reconstruire l'écluse de ce bassin dont les dimensions sont des plus exigues, puisqu'elle n'a qu'onze mètres de large et que les autres en ont au moins 12,65 et que sur le buse en vive eau il n'y a que 6,25 de hauteur d'eau, au lieu de 6,50 au moins. On pourrait alors y consacrer les sommes qui devraient être employées à exproprier les constructions du côté nord.

Mais ce n'est pas encore là ce qu'il y a de plus indispensable à faire au Havre dans un bref délai. C'est un bassin spécial pour les steamers, qui permette de donner à nos navires déjà si remarquables par leurs formes, la largeur nécessaire à leur stabilité et au transport des marchandises. On ne saurait satisfaire trop tôt aux réclamations du commerce sur ce point. Mais si l'exécution de ce bassin est subordonnée à l'adoption du plan d'agrandissement, malgré toute la bonne volonté de l'administration, nous ne pouvons espérer d'en être dotés de longtemps. On pourrait, ce me semble, entreprendre le bassin des Steamers proposé récemment par **M.** **Frissard** dans le voisinage de la jetée nord. Ce projet, malgré les efforts de ses adversaires, a été déjà adopté par la chambre de commerce et le conseil municipal, qui ont entendu des marins et des capitaines. Ce bassin occuperait une partie de l'emplacement de la retenue que je disais devoir être faite entre les deux entrées du port, lors de l'adoption du projet que j'ai développé Ce serait donc la moitié du travail à faire pour cette retenue. Et plus tard le bassin des steamers pourrait être reporté ailleurs. Ce bassin serait terminé dans trois ans.

La commission demande (p. 28) que l'on termine l'écluse de la Floride, placée au fond du nouvel avant-port, pour faire de cette retenue un bassin pour les navires en quarantaine et pour les bateaux à vapeur de l'état. D'abord, je dois dire que je ne comprends pas l'utilité de ce travail ; car il me semble que les steamers de l'état pourront ou plutôt devront pouvoir aller dans le bassin spécial des bateaux à vapeur du commerce. Car la largeur de l'écluse doit être la même pour tous ; mais il est d'autres inconvéniens plus graves. En cas de guerre, ce bassin ne serait pas tenable, puisqu'il serait ouvert au feu de l'ennemi, sans être protégé par aucune fortification ; on devrait donc y renoncer entièrement. Et alors que ferait-on des navires à vapeur du gouvernement, s'ils ne pouvaient pas entrer dans les autres bassins ? On ne pourrait pas penser à les faire échouer dans l'avant-port. Mais en temps de paix, ce bassin ne présente-t-il pas de graves inconvéniens, qui en rendent l'usage presque impossible. D'abord, il serait à créer de fond en comble. Car il ne suffirait pas d'ouvrir une écluse ; il faudrait encore l'entourer de murs de quai. Or, il n'est possible de le faire que d'un côté, à moins que l'on ne veuille élargir la digue qui longe le poulier.

Mais je suppose cette digue élargie ; il reste encore

à savoir si ce quai sera praticable dans les coups de vents d'ouest et de nord-ouest lorsque la mer déferle par dessus la jetée. Puis, pour créer un quai de l'autre côté, il faudra démolir ces bastions qui sont destinés à couvrir l'avant-port et la ville tant contre le vent que contre le feu de l'ennemi. Mais tous ces travaux réduiront considérablement la surface de ce bassin qui, dans certaines parties, n'offre pas cent mètres de largeur.

Ce n'est pas tout ; ce bassin, une fois bien entouré de murailles, je maintiens que les navires n'y seront pas en sûreté. En effet, rien ne l'abrite contre les vents d'ouest et de nord ouest, voire même contre ceux de Sud-ouest. Il me parait impossible que dans un coup de vent les navires puissent y tenir sans se faire des avaries, en se choquant les uns contre les autres. On sait combien, dans les bassins même, dans les grands coups de vent, les navires ont de mal à se maintenir.

La transformation de la Floride en bassin aurait un autre inconvénient. Si on la laissait entière en bassin, elle ne pourrait plus servir pour l'alimentation des chasses. Si on la divisait en deux portions, il en résulterait alors que la partie destinée aux chasses, réduite à une longueur de trois cents mètres, serait insuffisante pour fournir aux chasses puissantes qui doivent déblayer les pouliers, puisque déjà c'est à peine si la retenue entière y suffit. Il faudrait donc en revenir au bassin du front du Perrey.

Il y aurait donc à dépenser immédiatement pour notre port une somme de 2,800,000 fr. pour le bassin Vauban, et de 4,000,000 de fr. pour le bassin spécial, en tout 6,800,000 fr.

Au moyen de ces constructions, on pourrait ajourner l'agrandissement de la ville à trois ou quatre années, pendant lesquelles le temps ne serait pas perdu. Les faits se chargeraient de plaider notre cause. Les opinions se modifieraient sur le système

de fortifications à adopter. Bien plus , le voisinage
du bassin Vauban ferait que les terrains qui le bordent se couvriraient de constructions , surtout dans
la partie nord du bassin , entre le quai et la route
Royale. Alors il deviendrait impossible de songer à
tracer des fortifications à travers cette ville nouvelle
juxta-posée à l'ancienne. La dépense dépasserait
toute proportion. Et cependant il n'en faudrait pas
moins penser à agrandir la ville : car l'augmentation
de population et de commerce le rendrait nécessaire.
L'enceinte continue deviendrait donc impossible à
conserver.

Je vous prie bien de remarquer que je ne propose
pas ici un ajournement indéfini. Je demande que l'on
fasse de suite l'absolu nécessaire, l'indispensable.
Mais je veux que l'on n'en continue pas moins à
étudier sous toutes ses faces la question de l'agrandissement et à la résoudre le plus tôt possible. Je dis en
outre qu'aujourd'hui les études faites ne sont pas
assez approfondies, que la commission doit venir
sur les lieux étudier les besoins du pays, interroger
les marins, enfin s'entourer de tous les documens
nécessaires pour la solution du grand problème qui
lui est soumis. Elle doit imiter ce qui a été fait avant
1787, alors que des commissions étaient envoyées
sur les lieux et que le roi jugeait convenable de venir
lui-même à la tête de son conseil demander des
éclaircissemens indispensables. C'est après cette
étude préliminaire que la commission pourra rédiger un plan sérieux et susceptible d'être soumis à
l'enquête. Mais jusqu'à ce que ce travail soit terminé , et pour nous permettre de l'attendre patiem-
ment, j'ai indiqué ce qu'il y avait à faire et de
quelle manière on pouvait l'exécuter. Telle est la
marche qui me paraît devoir être suivie dans l'intérêt de tous.

Des raisons bien plus importantes encore viennent
militer en faveur du système que je défends. D'a-
près les évaluations de la haute commission, vingt-

trois millions devraient être consacrés à l'agrandissement de notre port. Sur cette somme sept millions,
ou le tiers environ, seraient consacrés à élever les
nouvelles fortifications. La dépense des premières
années pourrait ne s'élever qu'à la somme de
quatorze millions, sur lesquels on devrait en prélever
sept ou la moitié pour les fortifications; eh bien, je
le demande, qui peut espérer que la chambre qui se
montre si large quand il s'agit de dépenses produc-
tives, mais si avare de dépenses qui ne rapportent
aucun profit, veuille voter pour le Havre une somme
aussi énorme afin de l'embastionner. Qu'on lui
demande des millions pour relever nos forteresses
de la frontière du Rhin, démolies par suite des traités,
elle hésitera encore; mais enfin se rendant à une
nécessité impérieuse, peut-être finira-t-elle par les
voter. C'est que de ce côté une invasion subite peut
être à craindre et qu'il faut pouvoir fermer notre
territoire à l'ennemi. Mais une invasion par le
Havre, jamais la chambre n'y croira. Elle refusera
ses allocations. D'ailleurs il serait d'autant plus à redouter qu'une pareille demande pour les fortifications
ni fût soumise, que déjà même on peut craindre
qu'elle ne se laisse effrayer de la dépense à faire
pour le port lui-même, ou dominer par les intérêts
rivaux des autres ports qui peuvent être jaloux de
notre prospérité. Cette considération est donc des
plus puissantes.

Mais admettons ce que je crois être vrai, que la
chambre comprenne que l'intérêt du trésor est en-
gagé dans la question, que si l'on dépense vingt
millions au Havre ce sera de l'argent bien placé,
que la douane rapporte aujourd'hui trente millions
que si l'espace doublait, elle en produirait quarante
ou cinquante avant peu d'années, ce qui ferait de
l'argent placé à gros intérêts, il me semble. Voyons
comment la question lui serait posée par le projet de
la commission. Le Havre, dirait-on, doit être
agrandi, mais il faut qu'il soit fortifié. Sans cette

condition, le génie militaire ne peut consentir à son extension. La chambre, bonne économe de nos deniers, répondra : Agrandissez le Havre, si vous voulez, mais je ne donnerai pas un sou pour les fortifications. Croyez-vous alors que le génie militaire se tienne pour battu. Il n'en sera rien ; il s'opposera, *pour la sûreté du royaume*, à l'extension de la ville et du port en dehors des fortifications. D'ailleurs, la loi présentée dans les termes posés par la commission, tomberait d'elle-même par le rejet de l'allocation pour les terrassemens militaires, condition indispensable de l'agrandissement. La chambre renverrait donc la loi au ministère jusqu'à plus ample informé sur la question des fortifications.

Je sais bien que l'administration tient singulièrement à se présenter aux chambres dans la session qui suivra celle-ci avec un projet de loi concernant le Havre et Marseille. Rien de mieux : cet empressement est de bon augure. Et bien, que l'on demande aux chambres un crédit provisoire de sept millions pour les travaux qui peuvent être faits immédiatement sans toucher au système des fortifications, et que l'on prenne des engagemens positifs pour présenter la solution complète de la question dans une session prochaine. Au reste, dans ces lignes, si j'ai admis que la chambre rejetterait toute allocation pour les fortifications, je me suis basé sur l'intérêt avec lequel elle a accueilli cette année une pétition de plusieurs de nos concitoyens, relative à leur suppression. On se rappelle que le renvoi au ministre de la guerre a été ordonné, que notre député a contraint le ministre à prendre à la face de la chambre des engagemens qui consistaient à affirmer que l'on adopterait le mode de fortifications le plus favorable aux développemens du commerce et de l'industrie. Le plan de la commission prouve le peu de cas que l'on a fait de cette promesse : car le mode qui devait être si favorable, est tout simplement le même que celui dont se plaint chaque jour notre ville et contre lequel réclamaient les pétitionnaires.

Aujourd'hui la tâche que je m'étais imposée est terminée. Je vais rentrer dans une obscurité dont je n'aurais jamais dû sortir. Je demande pardon à vos lecteurs de les avoir fatigués de réflexions qu'ils n'ont peut-être pas partagées. Mais je les prie de voir mon excuse dans mon dévouement aux intérêts de mon pays et dans le désintéressement qui a toujours présidé à ma discussion.

NOTES.

—

Note à la page 4.

En 1817, Marseille avait à peine 100 mille habitans ; le ré-
censement de 1836 élève ce chiffre à 160 mille. Pendant cette
même année 1836, Marseille a reçu dans ses entrepôts 25 millions et demi de kilogrammes de sucre des colonies françaises,
contre 3 à 4 millions en 1817 ; — 31 mille caisses de sucre
Havane, formant 7 millions et demi de kilogrammes (si l'on y
ajoute 2 mille fûts et 16 mille balles de sucre étranger de toutes provenances), contre 8 mille caisses de sucre Havane seulement ; — 8 millions de kilogrammes de café, contre 1 million
de kilogrammes.

Note à la page 53.

Les deux frégates (germinal an ix. — avril 1801.) françaises
l'*Indienne*, capitaine Proteau. et la *Libre*, capitaine Bourdet,
chassées, après leur sortie du Havre, par des forces anglaises
bien supérieures en nombre, vinrent se réfugier dans la fosse
de Ste-Adresse, où elles mouillèrent. Elles avaient une mission
pressée ; il fallut donc aviser au moyen de les tirer de ce mauvais pas. Le commandant des armes, chef militaire de la marine, fit partir, sous le commandement d'un pilote nommé
Agasse, pour la baie de Caen, des embarcations munies de
fanaux, avec ordre de les disposer de manière à simuler les
feux que l'on peut avoir à bord des navires de guerre. Les
Anglais, en les apercevant, se dirigèrent de suite vers ce point
de la côte. Profitant de ce mouvement, les deux frégates françaises s'élevèrent et gagnèrent facilement le port de Cherbourg. M. Boissy, aujourd'hui chef des apparaux de notre port,
était lieutenant en pied à bord de l'*Indienne*. Le commandant
des armes était M. Eyriès père, dont l'opinion était si favorable
à une nouvelle entrée du port vers les moulins.

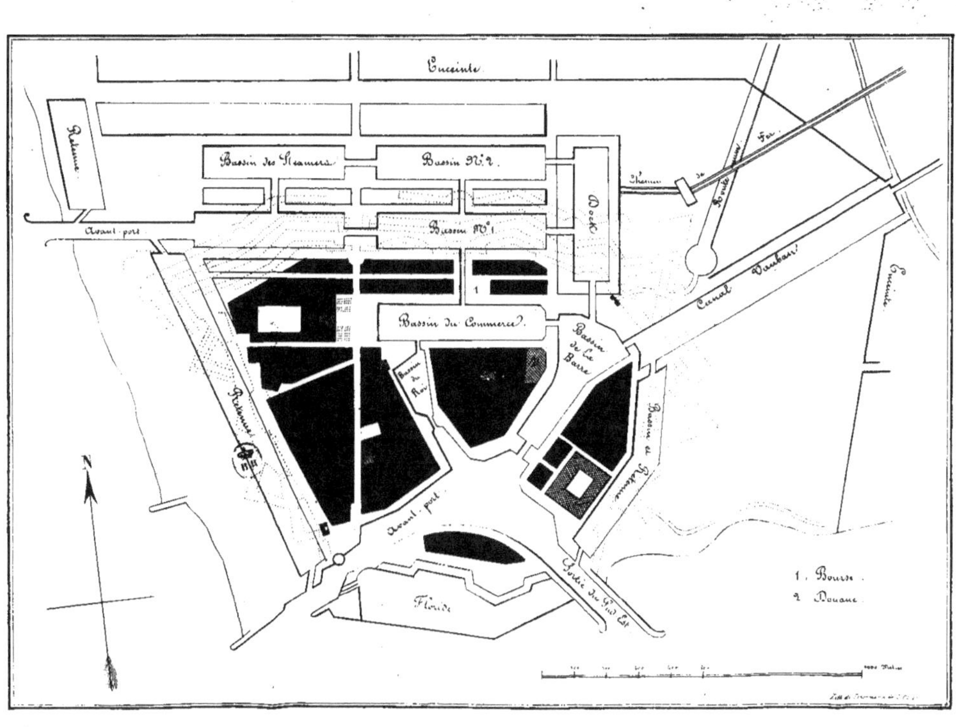

Enceinte
Bassin des Steamers
Bassin N° 2
Bassin N° 1
Dock
Chemin de Fer
Route du
Canal Vauban
Enceinte
Avant-port
Bassin du Commerce
Bassin de la Barre
Bassin du Roi
Bassin de Retenue
Retenue
Retenue
Avant-port
Sortie du Gr{d} Cat
Floride
N
1. Bourse
2. Douane
1000 Mètres
Ville de Commerce

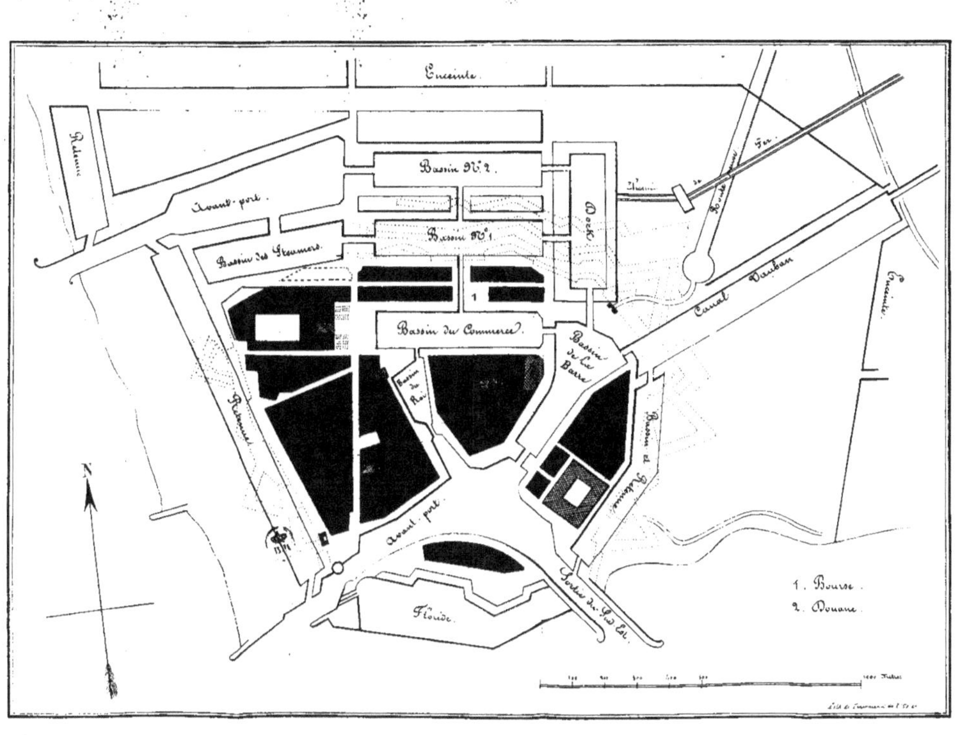

Enceinte.
Rideaux
Bassin N.º 2.
Avant-port.
Bassin N.º 1.
Dock.
Bassin des Steamers.
Usine.
Route du Fer.
Canal Vauban.
Enceinte.
Bassin du Commerce.
1
Bassin du Roi.
Bassin de la Barre.
Rideaux.
Bassin de la Marine.
Avant-port.
Floride.
Sortie du Sas D.
1. Bourse.
2. Douane.
N
1000 Mètres
Lith. E. Jouvenet et Cie Le H.